インディオの村通い40年

〈いのち〉みつめて

清水 透

表紙写真：2001年，ロレンソ宅の庭でロレンソの孫たちと．右から4人目が筆者．

岩波ブックレット No. 1019

はじめに――問われる「表側の常識」

一九六四年、初めてラテンアメリカの土を踏んだ青春時代から半世紀以上、その後研究者としてメキシコのインディオの村通いを始めてからも、すでに足掛け四〇年以上の時が流れた。

戦後の復興から急成長を遂げてきた「文明社会」。その表側しか知らないままに育ってきた僕にとり、言語はもとより、歴史も文化も価値観も異なる異文化社会との接触は、まさに驚きと戸惑い、感動の連続であった。

何のために何を研究するか、その成果をいかに学生に語り伝えるか。それ以前に、研究の対象社会とどのような関係を取り結ぶべきか。これらの問題も、新たな体験を重ねるたびに、幾度となく再考を迫られた。

また、僕の人生を根底から揺るがした娘の死、さらに、身近でくり返された大震災、そして、命の危機をつきつけられた僕自身の大病。こうした私生活での体験も、僕に巣食っていた「表側の常識」を覆《くつがえ》す、重要な転機であった。

研究者が、このような私的な体験を自ら語ることは、稀なことかも知れない。しかし、研究者も、体験を基礎に日常を生きる、一人の生身の人間であることに変わりはない。

本書では、〈いのち〉の問題も含め、四〇年にわたる現場体験をつうじて教えられ、迷い、悩み、考えたことなど、エピソードを中心に、僕の本音を吐露することとした。その中で読者の皆様に、はっとする歓びをひとつでも感じていただければ、と心から願っています。

本書は、二〇一九年二月四日から三月八日にわたり『東京新聞』に連載されたエッセイにわずかに手を入れた作品である。掲載写真は、提供者の記載のあるもの以外はすべて著者の撮影による。

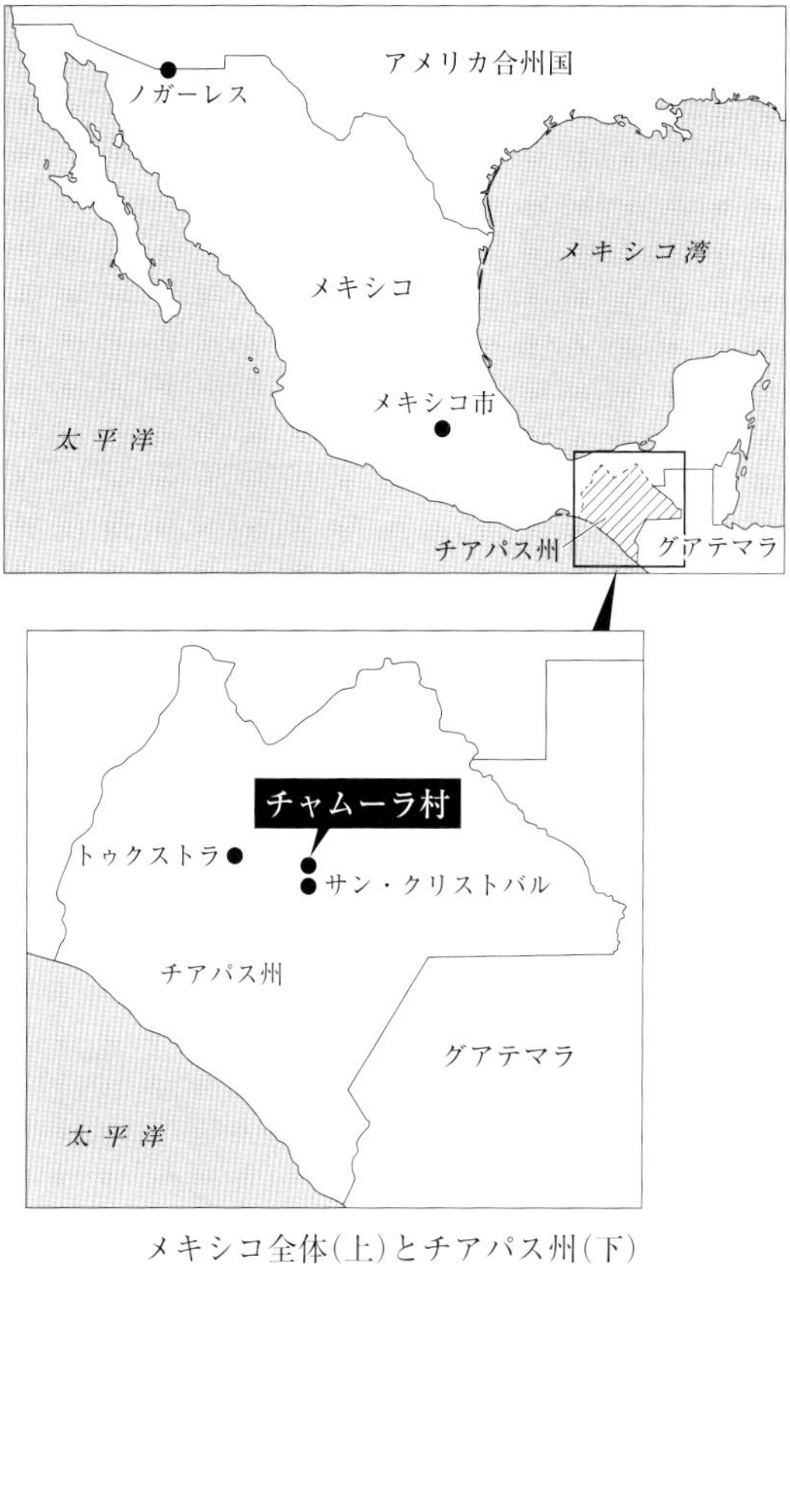

メキシコ全体(上)とチアパス州(下)

1　レンズのこちら側・あちら側

せめてひと言

「ざけんじゃねぇよ、んーなことでくたばってぇー、たまるかぁ!!」

突然の心筋梗塞《こうそく》の発作。それにしても、僕の言語にはなかったヤクザまがいのこの台詞《せりふ》。救急車の中でなぜこんな言葉を吐き続けたのか、僕自身、今もって分からない。

それは二〇一五年、メキシコ調査から半年後の秋のことだったが、一七年春には肺がんの手術、その翌年夏には心臓の再手術が、さらに昨年春には脳腫瘍と心房頻脈の手術が追い討ちをかけ、ふと気がつけば、すでに後期高齢者の仲間入りをしていた。

ああ、僕の半生を支えてくれたインディオの村は、このまま遠ざかっていってしまうのか！

一九七九年から通い続けたメキシコ南東端のマヤ系先住民チャムーラの村。以来一貫して家族のように付き合い続けてくれたロレンソも、すでに八〇歳を超えた。僕が名づけ親になった三人のインディオの子どもたち、命がけで国境の砂漠を越え、今も米国で「不法就労」を続けているはずのロレンソの孫ファニートやその留守家族。彼らの今も気にかかる。

文献中心の歴史学に素朴な疑問を感じ村通いを始めたが、僕なりの歴史の方法に辿り着けたのは、まさに彼らのおかげだ。極貧のインディオとはいえ、彼らから学ばせてもらったことも、決して少なくない。せめてひと言「ありがとう」と伝えに村へ戻りたい。

実は、村通いを中断したのは、今回がはじめてではなかった。もう二五年以上前のことだが、娘の白血病の発病と二年後の死を機に、一時期村はぱったりと僕の頭から消え去り、ひたすら〈いのち〉の問題を考えた。

そして行き着いたのは、歴史学も自然科学も、政治も経済も、すべて理屈ではなく、〈いのち〉という当たり前の原点に立ち返り、考え直すことの大切さだ。こうして七年間のブランクをへて、ようやく僕は、村通いを再開する。その時すでに還暦が迫っていたが、村へ戻る気力だけは、まだ十分残っていた。

ロレンソ一家と筆者（最後列）．1984 年，チャムーラ村で．
右から 2 人目がロレンソ，その前がファニート．

隠し撮りされて

日本とメキシコとの時差は一五時間。飛行時間は約一四時間なので、日本を出発した同じ日のほぼ同じ時刻にメキシコ市に着く。さらに国内便に乗り換え、一時間半でチアパス州の州都トゥクストラに。そこからさらにハイウェイを一時間も走れば、いつも村通いの拠点にしてきたサン・クリストバルの町が、盆地の底に広がって見えてくる。チャムーラ村の中心はその町から七キロほどの距離だ。

緯度はフィリピンあたりと同じだが、海抜二二〇〇メートルの高地。朝露に濡れた石畳の道は、冷たく黒く光っている。そんな肌寒い朝、村の女性が羊の毛で織り上げた男性用の民族衣装、チャマーラはありがたい。いわば厚手の毛布でできた裃《かみしも》のようなものだ。暖かく、雨が降っても、羊毛の脱脂処理をしていないので、水をはじいてくれるのだ。

その日も、このチャマーラをかぶり、村の知り合いの家族のために、豚肉を求めて町の朝市に向かっていた。一六世紀に建てられた教会、その裏手の石畳の道でふと気がついた。五〇〇メートルほど先の電柱の陰から望遠レンズがこちらを向いている。

あれ、インディオがまた隠し撮りされているのか、と後ろを振り向いてみる。でも、誰もいな

伝統衣装を着たチャムーラ村の役職者たち.

い。レンズは僕に向けられていたのだ。

隠し撮りをされる自分、カチンときた。とっさに柱の陰の男に駆け寄ると、フランス語なまりのスペイン語が返ってくる。

「イクラ、オカネ、ホシイデスカァ？」

馬鹿にするのもいい加減にしろ！　一気に怒りが膨れ上がった。

この周辺のインディオは、背も低く日本人にそっくりだ。赤ちゃんには例外なく蒙《もう》古《こ》斑《はん》もある。間違えられても当然で、そのまま金を受け取っていれば、フランスのグラビア雑誌に僕の姿が載ったかも知れない。

それはともかく、撮られる側の気持ちとはどのようなものか、初めて真面目に考える、貴重な体験だった。そして、かつて南米ボリビアで経験した苦い思い出が甦《よみがえ》ってきた。

撮るということ

靄《もや》が立ちこめた湖面に、ぽつりぽつり葦舟《あしぶね》の影が浮いていた。湖畔から広がる草原は、濃い霧のなかをゆるやかに空に向かって消えてゆく。どこからか、村の祭りのざわめきだけが聞こえていた。湖面の海抜が富士山より高いティティカカ湖。メキシコでの村通いを始める六年前の春、南米ボリビアでのことだ。

さっと霧が晴れると、一〇〇メートルと離れていない草むらで踊る、村人たちの姿が飛びこんできた。懸命に望遠レンズのシャッターを切りつづける。踊りの集団が近づき、カメラを下ろしたその瞬間だ。突然、山刀を振りかざした彼らが、襲いかかってきた。

「無断で写真を撮るとは何事か！　これでも食らえ！」と叫んでいたようだ。

命からがら車に飛び乗りその場を逃れた。撮るということの意味を、深く考えもしなかった頃の、忘れがたい、苦い思い出だ。

村通いを始めて数年後には、こんな事件にも遭遇した。村の祭りで役職者の家に招かれ、食事していた時のこと。すぐ近くの道端が急に騒がしくなり、日本人の女子学生と思しき若者が一人、村人に取り囲まれている。

「祭りは写真厳禁だ！　しかもあんたは、無断で役職者の写真も撮った！」。確かに、村の入口の掲示板には、それはダメだとちゃんと書いてある。これはまずい。怯《おび》えて立ちすくむ若者を助けようと、中に割って入った。

「村で撮ったデータは、僕がすべて消す。だから許してやってくれないか？」。でも警備役の村人はカメラのメモリカードを割れという。

「それだけはやめて、スペインやグアテマラ旅行で撮った写真も入ってるの。」

半泣きで懇願する若者に僕は確かめた。

「でもカードを割らないと、村の土牢にぶち込まれるけど、それでいいんだね？」

もちろんカードを割って一件落着したが、あの若者がその後、村を恨みつづけているとしたら、なんとも残念だ。観光旅行とはいえ、相手社会に土足で踏み込み、異文化をただ消費するような真似だけは避けたい。それは、異文化社会を研究対象とする僕自身の問題でもある、と自戒を込めてそう思う。

「芝生」からのまなざし

今では当たり前の海外旅行だが、国民の誰もが外国に出られるようになったのは、東京オリンピックが開かれた一九六四年のことだ。

その年の五月、朝早く横浜の山下埠頭《ふとう》を出帆した貨物船が根室沖まで北上すると、夜の闇に包まれた海原に、真っ黒いクジラの背が不気味に浮上した。大圏航路に沿って徐々に南下すると、イルカの群れが船と戯れる。さらに南下すれば、何万尾ものトビウオの群れが一斉に飛翔し、海面はまぶしいほどに銀一色に輝く。空の旅では味わえない船旅の醍醐味だ。

ウミガメがぽかりと頭を出しはじめれば、アメリカ大陸はもうすぐそこだ。初めての海外、初めてのアメリカ大陸。大学三年、男四人、米国ロサンゼルスからパナマまで、陸路七〇〇〇キロの貧乏旅行の始まりだった。

メキシコとの国境の町ノガーレスでは、金網ひとつで仕切られたこちら側に、緑の芝生に白亜の館が整然と並ぶ。地続きなのに、金網の向こうには、土埃《つちぼこり》が舞う狭い街路に、崩れかけた日干し煉瓦《れんが》の家並みが。カッと照りつける太陽のもと、褐色の肌をさらけだした人々の、物憂げにたむろする姿が目に映る。

活字で米墨両国の経済格差は知っていたつもりだった。でも目の前に広がるこの「貧しさ」

は！　田舎町から首都メキシコ市へ着いてみれば、ガラスとセメントの大都会に驚愕する。さらにそこからインディオの村を訪ねてみれば、そこはまさに極貧の別世界だ。

しかし、米国とは違う独自の文化がメキシコにもあるように、「遅れ」「野蛮」の象徴とみなされてきたインディオの村にも、独自の文化がある。それだけではない。「発展」を追い求めるなかで、僕たちが置き忘れてきた貴重な価値がいくらでも息づいている。

欧米の物質文明を当たり前のこととして受け入れてきた僕たちは、つねに近代という「芝生」を追い求め、「芝生」の側から世界を見つづけてきたとは言えないか？

そしてその眼差しは、わが国の歴史学に限らず、アカデミズム一般にも潜む深刻な問題でもあるようだ。

グアテマラの学生たち
東京外大親善隊の報告から
寮に戻れば政治の話
お国柄？恋人は五、六人
婦人家庭
米国への不満は根強い

1965年2月10日付の『東京新聞』朝刊（著者のスクラップブックから）．海外旅行が珍しかった当時，筆者らの中米行きは何度も報道された．

他所者は帰れ！

「芝生」ではない向こう側から見てみると、従来描かれてきた歴史や「芝生」は、どう見えてくるのか。そんな思いを抱いて村通いを始めたが、ことはそう簡単ではなかった。

インディオが歩く道は僕も歩く。村へ着けば、紙飛行機を折って子どもたちと遊び、時には髪を刈ってやる。胡散臭《うさんくさ》げに遠巻きにしていた大人たちも徐々に和《なご》みはじめ、地酒のポッシュをご馳走してくれる。最初は外で立ったまま、でもそのうちに家に招き入れてくれる。

足掛け八カ月、毎日そんなことをくり返しながら、あるインディオの家族を捜しつづけた。一九四八年にメキシコで出版された、ファンという名のチャムーラの語るライフ・ヒストリー。その家族に会えれば、インディオ自身が語る二世代記が書けるかも知れない。

ところが、ようやく捜し当てたファンの長男ロレンソが僕に投げつけた言葉は……。

「これまで他所者《よそもの》にどれほど利用され、騙《だま》されてきたか。どうせあんたも、人類学者か新聞記者だろう、帰れ、帰れ、帰れ！」

ようやく彼が聞き取りに応じてくれたのは、村通いをはじめて四年目の一九八三年のこと。おかげでファンとロレンソの語りから成る二世代記『コーラを聖なる水に変えた人々』（現代企画室）を出版できた。さっそくその本をもって村に戻り、ロレンソに読んで聞かせる。

ロレンソ氏(左)に初の著書『コーラを聖なる水に変えた人々』を読み聞かせる筆者.

「そうだ、そうだ、その通りだ！」と目を輝かせ喜んでくれた。その四年後には、聞き取り資料を駆使したメキシコ近現代史『エル・チチョンの怒り』（東京大学出版会）も出版できた。

九二年ロレンソは村長に選ばれたが、就任の儀礼を写真とビデオに収める。二〇〇五年のカーニバルでは、当時の村長が村役場の屋上に案内してくれて、自由に写真を撮れという。ともに得がたい、貴重な記録を手にすることができた。

さらにロレンソのひ孫に加え、知人のチャムーラ二人の子どもの名づけ親にもなった。かなりの時間が必要だった。でも、ここまで村人が受け入れてくれるとは、ただありがたいと思う。

2　インディオの村で考える

ひと切れの肉

町の朝市で買った豚肉の入ったビニール袋を担いで、登りの獣道《けものみち》をひたすら歩く。時折、鶏二羽だけ、キャベツ三個だけ担いで朝市へと足早に急ぐ村人とすれ違う。ロレンソの家までは三時間ほどの距離だ。

日干し煉瓦に、藁《わら》に似た植物で葺《ふ》いた屋根。ひと部屋だけの粗末な家の扉を開けると、正面に民族衣装を身にまとったキリストとマリーアの祭壇が目に入る。土間の中央の囲炉裏《いろり》の周りには、ロレンソを囲んで娘や孫たちが、トルティジャ（トウモロコシの粉を練ってつくる薄いパン）に岩塩だけの粗末な朝食。

その食事もそこそこに、子どもたちは蜘蛛《くも》の子を散らすように駆け出してゆく。何キロも離れた親戚に、肉が食えると伝えるためだ。

昼飯時の二時くらいになれば、ゾロゾロ、ゾロゾロと子連れの親戚が集まってくる。娘たちはトルティジャを焼きはじめ、ロレンソは火にかけたバケツのお湯にキャベツと肉のぶつ切りを入れ、岩塩で味付けをする。

　準備が整うと、まずは客人の僕に、そして大人の男が、つづいて男の子が、そして最後に大人の女、女の子が行列をつくる。男尊女卑といえばそれまでだが、それが村の仕来《しきた》りで、分け前は平等だ。三キロの肉も、一人当たりにすれば、ほんのひと口。でも、滅多に口にできない肉のため、伝えに走る、集まってくる、地酒のポッシュで会話も弾む。

トルティジャを焼く村の娘たち.

　時には、僕がご馳走になることもあった。
「今日は誕生日だろう」と、鶏一羽をつぶしてくれた。その時も親戚一同が集まっていた。卵一〇個分ほどの山盛りの炒《い》り卵を差し出され「さあ、食べてくれ」と言われた時だけは、正直閉口したけれど。
　このひと切れの肉のエピソードを、卒業生の結婚披露宴の席で紹介したことがある。携帯電話やメールで、本当に便利な今の世の中。大家族の「しがらみ」からも解放され、核家族が当たり前。そんな「便利」で「自由」な僕たちの社会だが、老人の孤独死や自殺も増えている。極貧の世界に息づく分かち合いの心、時には思い出さねば、と思う。

立場に立てる?

「文明」が忘れかけた、村人の温かい心も見えてくる。ロレンソ一家を中心に、村人との関係も徐々に広がってゆく。しかしある時、ロレンソから、こんな言葉を投げかけられた。

「あんたは村人にはなれない。宗教が違う、奥さんだって、布も織れない、トルティジャのつくり方も知らんだろう。」

確かにそうだ。それに、シラミ、ノミもいない清潔で便利な「文明社会」、やっぱりそれはそれでいい。

彼らは自他の区別を、独自の空間認識を基に考えているようだ。守護神がおられる「大地の臍《へそ》」を中心に、チャムーラ村を含む安心できる空間＝「冷たい土地」が広がっている。その外側に出稼ぎなどで訪れたことのある「熱い土地」が、さらにその外側に「未知の土地」が広がる。いくら親しくなっても、彼らにとり僕は、「未知の土地」からやってきた客人に過ぎないようだ。

そう言われてみて、ふと考えた。僕が若かった頃は、「戦後民主主義歴史学」真っ盛りの時代だった。農民・労働者の立場、アジア・アフリカ・ラテンアメリカの立場から歴史を見直す。その流れは後に、少数民族や先住民、病者・障碍者《しょうがいしゃ》・被差別民・女性など、無視されてきた声なき声が注目される切っ掛けとなる。

その意味は今も十分にある。欧米的な価値観という名のレンズで、研究対象を切り取り、トリミングする。アカデミズムに限らず、僕たちの日常生活にも巣くっている「芝生」からのまなざし、この根深さは今も変わらないからだ。

でも、村通いをくり返すほどに、相手社会を知ることがいかに難しいか、まして、彼らの立場に立つなどとは、安易に口にできなくなってくる。

「ワシらの立場に立つ？　それは善意かも知れんが、あんたの思い込みに過ぎない」、とたしなめられるかも知れない。宗教団体や革新勢力も、警察や軍隊の姿を目にすれば、村人を置き去りにしてそそくさと姿を消す。そうした他所者の「善意」の実態を、彼らは十分経験しているからだ。

ではどのような道があり得るのか。

「限りなく寄り添う」というひと言が思い浮かぶ。

こちらの価値観を絶対視するのではなく、寄り添ってみてはじめて、相手の価値観とのズレが見えてくる。そしてそのズレとどう向き合うか、悩み、考えつづけてはじめて、彼らの立場に近づくことができる。そして、僕たちのまなざしも、豊かになってゆくのではないか。

チャムーラの人々の世界観の中心＝大地の臍《へそ》．村の広場と教会がある．
3本の十字架にくくり付けた松の枝は悪霊の侵入を防ぐため．

ズレに悩む

囲炉裏を囲みロレンソの聞き取りを始めて四日目のことだ。

「すまん、今日からは外で話をしよう。体調を崩した女房を呪医《じゅい》に診せたら、あんたが連れてきた邪悪な神の仕業だって言うんだ。」

聞き取りは村の広場で続けることができたが、奥さんはその後も、僕に心を開くことはなかった。あれから三〇年以上経ったが、村人の間で呪医の影響力はまだまだ根強い。

守護神がおられると村人が信じている「大地の臍」の教会に入ってみれば、むせかえるほどの松脂《まつやに》香の香り。怪しげにゆらめく蠟燭《ろうそく》を前に座る、何組もの治療儀礼の村人の姿。呪医の祈りの声、そして時折、生贄《いけにえ》の鶏の末期の叫びに、香炉から立ちのぼる煙が、かすかに揺れ動く。

人は生まれると同時に、一生をともにする七匹の

村の教会内部．女性の呪医（手前，右から２人目）と患者の子ども（同３人目）（ロレンソ氏提供）．

「チュレル」（仲間の動物）も生まれるという。僕のチュレルが野ネズミなら、強い動物に襲われやすく、病気になりやすい。たとえ強いチュレルだったとしても、七匹すべてが死ねば僕も死ぬ。呪医や邪術師のチュレルは最強のジャガーだ。

　呪医はまず、チュレルの統括神サン・ヘルミンに祈る。その神は呪医のチュレルに患者のチュレルを救うよう命じ、それに成功すれば、患者は元気を取り戻す。邪術師のチュレルが僕のチュレルを襲うこともある。その時は、呪医のチュレルが邪術師のチュレルと闘ってくれる。

　治療儀礼は祈るだけではない。気功《きこう》に似た「手あて」に加え、薬草を煎じて飲ませることもある。いずれにせよ、僕たちの死生観とのズレは明白だ。そして、このズレを突きつけられ、悩むことも稀ではない。

　名づけ親になった子のお婆さんの高熱がつづいた時。また、知り合いの村人から、赤ちゃんを救って欲しい、薬をくれと頼まれた時。救ってあげたい。迷いに迷う。しかしいずれの場合も、手持ちの薬をあげることを躊躇《ためら》った。薬をあげれば、彼らの死生観を崩すことになりかねない。救えなかったら、僕は邪術師とみなされるかも知れないからだ。どうすべきだったのか、結論は今もでていない。

分かったつもり

メキシコの独立記念日（九月一六日）を迎えたばかりの夜だった。ロレンソの孫フアニートが、血だらけで僕の宿に駆け込んできた。

彼は四歳で父親と死別するが、再婚した母親は、村の掟《おきて》をやぶってプロテスタントに改宗し、村を追われてしまう。独り残された彼は、ロレンソ夫妻に引き取られ、村の小学校をでると、サン・クリストバルの町で自活しながら、中学・高校を卒業。二六歳の若手ながら、政府筋に認められたエリートとして、村の教育を取り仕切る教育委員に選ばれた。

かつて村にひとつしかなかった小学校も、一九九〇年代には、一〇〇を超える各部落にひとつずつ建設され、政府の要請に応じて、メキシコ独立記念日も、小学校で祝われることとなる。

前夜から始まる独立記念祭の冒頭で演説をする、ぜひ見に来て欲しいという。それならばと、祭りのために学校には裸電球を、子どもたちには鉛筆とノートをプレゼントしよう。

主賓席《しゅひんせき》でチャムーラの校長と地酒のポッシュを酌み交わす。そのさなか、酔いどれの男がまとわりついてきた。祭りではよくあることと適当にあしらったのが、ことの発端だった。

「あの他所者は俺様に挨拶《あいさつ》もせず、酒一杯注《つ》がなかった。そんな他所者を村の祭りに呼ぶとは何事か！」

独立記念祭で踊る小学生.

伝統的な村役制とは関係ない若造《わかぞう》を、政府は教育委員に任命した。そうなら村は村で、学校担当の役職者を独自に任命し対抗する。酔いどれは、その役職者だったのだ。祭りが終わり村人の姿が消えた暗がりで、彼を中心に「伝統」派の面々がファニートを襲ったのである。

ひと握りの村ボスに牛耳《ぎゅうじ》られている村役制と、彼らを中軸とする「伝統」派の実態について、僕は十分分かっていた。教育をはじめ国家の政策と村の「伝統」派とのせめぎあいについても把握していた。しかし、分かったつもりの落とし穴、ちょっとした僕の行動がこれほどの事件の引き金になるとは！

村はその後も、新興勢力と若い世代の台頭で激変をくり返す。しかし僕は、突然村通いを中断するはめとなる。娘の白血病の発病だった。

娘の写真が入った「骨髄バンクを知っていますか？」のポスター.

3 〈いのち〉みつめて

遠ざかる村

村通いも一〇年を過ぎ、四年に一冊の予定で三冊目を準備していた。でも、母校の東京外国語大学の教壇に立って二五年。雑務は増える一方で、聞き取り資料の整理もままならなくなってきた。村通いを続けるには、思い切って、母校を去る以外にない。

一九九三年二月。獨協大学への転職も決まり、さあ、新しい人生を、と思ったところだった。娘の真帆《まほ》は大学二年の学年末、モダンバレエの全国オーディションを目指し練習に余念がない。でも、練習中にぶつけてできる青あざが、なぜか今回は消えてくれない。いやな予感。まさかの急性骨髄性白血病だった。突然の医師の宣告に、頭が凍りつく。村のことも本のことも、一気に吹き飛んだ。

治療に必要な骨髄移植。でも骨髄バンクは一年ほど前に設立されたばかりで、移植症例はわずか二例。骨髄液の提供者＝ドナー登録者も、患者と適合する確率は数万人に一人というのに、まだ二万人に満たない。

家族全員、暗闇に突き落とされた。

告知のその日、オーディションの合格通知が届く。でも娘は気丈《きじょう》に、前向きに振る舞ってくれる。自分も知らなかった骨髄移植と骨髄バンク、みんなに知ってもらわなきゃ、と手づくりポスターを外来の待合室に貼ってもらう。スキンヘッドで東京新聞のインタビューに応じたその記事が切っ掛けで、ラジオ、テレビ、週刊誌、月刊誌の取材が殺到する。

娘の同級生や、僕やワイフの学生・研究仲間・卒業生・知人・友人、そしてご近所の方々も、ボランティア活動を支えてくれた。

発病から数カ月後、奇跡的に適合ドナーが見つかり移植。でも一進一退をくり返し、入院生活丸二年が迫る。ようやく暗闇のトンネルの先に光が見えてきたかと思ったその時、娘の線路だけは空へ向かいはじめた。

九五年二月二六日、娘二三歳。もうすぐ春なのに、病室の外はうっすらと雪化粧。くやしいほどに美しい静けさのなかに、娘の姿はとけていった。病室のベッドの下から、そっと置かれたバレエ・シューズが見つかった。

この二年間、娘や患者仲間からどれほど教えられたか。おかげで僕は、ただ普通の、ひとりの人間に近づくことができたようだ。

預かったいのち

「病気したおかげで、人はずっと生きてるわけじゃないっていうことに気がついたっていうか。それだったら、やっぱり、それまでどれぐらいハッピーでいられるかが勝負だろうなっていう気が、今はする。」

移植後、再再発の頃の雑誌インタビューでの娘の言葉だ。心は最期まで病むことはなかった。家族とずっとそのままでいたい。でも身近に迫った死を感じはじめた患者は、幼い子どもでさえ、最期まで生き切る。そして個として独り旅立つことを、しっかりと引き受けてゆくようだ。ただ、遺された家族にとり、ぽかりと空いてしまった穴が閉じることはない。その穴をただ見つめ続けて生きてゆくのか、それしかないのか……。立ち直るにはまだまだ時間が必要だった。

「親にとって娘や息子とは　授《さず》かりものでなく　預《あず》かりものなのだ　とふと思う。竹取物語の世界。預かったものはいつか　お返しするときがくる。真帆の旅立ちも　預かりものとしての娘を　お返しする　ひとつの形。別れとは　お返しする　ということなのか……そう思うと　心がやすらぐ。気持ちが落ちつく。だれに遠慮することなく　娘をほめてやれる。娘に素直に　ありがとう　といえる。」（佐藤律子編『種まく子どもたち』角川文庫）

娘の旅立ちから六年。ようやくたどり着いた僕の心境だ。この一文を読んでくれた学生が教えてくれた。古代ギリシアの哲人エピクテトスの言葉だ。

「何事につけても、「自分はそれを失った」といってはならぬ。「自分はそれを返した」というべきである。（略）贈り主がだれの手を通してそれを取りもどそうとも、きみに何のかかわりがあろうか。」（ヒルティ『幸福論』第一部、岩波文庫）

彼は奴隷としてローマ帝国に売られ自由を奪われた。その体験に裏打ちされた哲人の重い言葉が、さらに僕の思いを支えてくれる。

しかし、まだまだ葛藤《かっとう》はつづく。

東京都江戸川区の唐泉寺に立つ「真帆天女像」.「真帆さんに生きる勇気をもらった」と,がん告知を受けた当時の住職が建立してくれた.

研究者に戻れよ！

「僕にはね、今はこれしか言えることないんだ。あなたの原稿なけりゃ、これ本にならない、三週間待つから書いてよ！」

涙をぬぐいながら、逃げるようにして拙宅を後にしたのは、当時東京大学出版会の編集者だった渡邊勲《わたなべいさお》さん。娘の葬儀から三日目のことだった。突きつけられた一冊の本。僕の原稿の部分だけが白紙、他はすべて活字で埋まっていた。

娘の発病後も唯一断らなかったこの原稿、もう穴を開ける以外ないと思っていた。でも彼は僕の原稿に拘《こだわ》り、研究者に戻れよ、と背中を押してくれた。何よりの励ましだった。

呆然と彼を見送り、そのままパソコンを久しぶりに開く。力《りき》む気力はない。でもなぜか、さらさらと文章が流れる。ぎりぎり三週間で原稿が仕上がり、歴史学研究会編『世界史とは何か』（「講座世界史1」）に小論「コロンブスと近代」を収めることができた。今も忘れがたい原稿だ。

研究生活に戻る力をくれたのは、もう一人、見ず知らずの若手研究者保苅実《ほかりみのる》さんだ。娘を見送って丸一年、突然連絡があった。

「なぁんだ、僕がやろうと思ってること、とっくにやってる人いるじゃん！　この人に会わずに、ちょっとオーストラリアに来れないな。そう思って連絡したんですよね。」

一橋大学で修士論文を書き終え、先住民アボリジニの世界へ向かう準備をしていたら、僕の本(『エル・チチョンの怒り』)に出逢ったという。まだ僕は必要とされているのか、と心から嬉しかった。

六年間の現地調査の成果を博士論文にまとめて帰国すると、当時フェリス女学院大学から慶應義塾大学に移籍していた僕の研究生として、ゼミ生を引っ張ってくれた。しかし娘と同い年の彼、なんと娘と似た病いに倒れ、二〇〇四年五月、三二歳の若さで人生を閉じてしまう。

メルボルンで闘病中の保苅実さん(左)と筆者.

でも彼も生き切った。闘病中の半年で『ラディカル・オーラル・ヒストリー——オーストラリア先住民アボリジニの歴史実践』を書き上げる。歴史観・歴史の方法・叙述スタイル、ともに時代を先取りした名著だ。

「これからは「命」についても、清水さんと深い話をしていきたい」。彼が遺した言葉だ。二〇一七年末に出版された僕の本(『ラテンアメリカ五〇〇年——歴史のトルソー』)と同じ岩波現代文庫に、翌年彼の本も収録された。そばに戻ってきてくれた、そんな思いが心をよぎった。

記憶のズレ

娘には、丸二年ほぼ毎日病室に通い、家族同然、最期まで寄り添ってくれた彼がいた。

「彼は私にとり、闘いを共にしてくれる戦友みたいなものだった」とワイフ。

「僕にとっては、うーーん……敵国の赤十字かなぁ」と言いながら、一人苦笑い。

この程度の思いのズレ、それは大したことじゃない。でも今はいない娘をめぐる記憶のズレとなると、問題は微妙だ。

あの時の娘の表情、あの時の娘のひと言。そんな些《さ》細《さい》なことをめぐる記憶が、僕とワイフでずれることがある。「そうかなぁ？　あの時は」と僕が疑問を口にすれば、ワイフの心は傷ついてしまう。立場が逆転することもある。息子は、それもこれも違うと言うかもしれない。

過去の記憶は、実際そうであったか否かを問わず、一人ひとりの記憶の布に、一本の糸として織り込まれ、今を生きようとする、それぞれの心の支えとなっている場合があるようだ。相手の記憶をそっと思いやるゆとり、それがなければ、記憶のズレで家族に隙間《すきま》風。次第に思い出を語ることを躊躇うようになる（「家族と記憶」慶應義塾大学経済学部編『家族へのまなざし』弘文堂、二〇〇一年参照）。

記憶とはこんなものかと考えていると、ふと、インディオの語りが気にかかる。無文字社会で生きてきた彼らは、口承を通じて過去の記憶を受け継ぎ、その記憶と実体験をもとに、今を生き、将来へ向かおうとする。

でも彼らの記憶に刻まれた過去は、文字社会に生きる僕たちの記憶と同様に、必ずしも事実・史実とは限らない。しかも、記憶を頼りに今とかかわり、歴史を動かすことすらある。

言うまでもなく、真の史実を追究することは歴史学の基本だ。時に誤った「史実」が政治的に捏造《ねつぞう》されている現実を考えれば、事実・史実を明らかにすることは、過去の過《あやま》ちをくり返さないために不可欠だ。

しかし、今もインディオに限らず、文字ではなく記憶を基礎に生きている人々は、世界のマジョリティであること、そして歴史は、必ずしも史実ではなく、人々の記憶で動くこと。歴史学も、この問題にもっと目を向ける必要があるのではないか。

チャムーラ手づくりの「サパティスタ」の人形．蜂起から四半世紀を経た今，「恐ろしいインディオ武装集団」「勇気ある英雄」など，人々の記憶は大きくずれる．

現場への復帰

娘の取材で知り合ったテレビ関係者から、調査に同行できないか、との問い合わせ。娘を見送って半年、この際だ、思い切って出かけてみよう。行く先はメノニータス（英名メノナイト）の集住地「ラ・オンダ」だ。実は、四回目の現地調査までは、毎回村へ行く前に、メキシコ市の北西約八〇〇キロ、サカテカス州にある、この集団の社会調査もしていた。

メノニータスとは、ヨーロッパで宗教改革が荒れ狂う一六世紀半ば、北ドイツに誕生したプロテスタント系の集団。彼らはダンツィヒ（グダニスク）、ウクライナ、カナダへと集団移住をくり返し、メキシコにたどり着いたのは一九二二年だった。

集団移住の切っ掛けは、宗教的迫害だけではない。近代国家につきものの、言語統一と徴兵制が原因だ。絶対平和主義の彼らは、それらを「釣り合わない軛《くびき》」と捉え、自由を求めて移動しつづける。物質文明ともつねに一線を画し、自給自足を原則に生きる。僕にとり近代社会との、こうした彼らのかかわり方は、インディオ社会同様、近代という「芝生」を逆照射する格好のテーマだった。

海抜二〇〇〇メートルの高地。広漠たる高原に、風車の群れがキラキラと輝いている。畑には、胸当てズボンの男たち。家の周辺の菜園には、つば広の帽子に地味なロングスカートの女たち。

その誰もが、ドイツ人の顔だ。

そこまでは前回訪れた一〇年前のままだった。しかし馬車に代わり大型のアメ車が、ペンキも真新しいガソリンスタンドに列をつくる。電気もなかったはずの集住地には電線が張り巡らされ、畑には大スプリンクラーが。以前なかったスーパーには、日本のカップラーメンまで並んでいる。変化の激しさに、ただ呆然。

保守派の新集住地「エル・サビナル」で僕たちを出迎えてくれたペンナーさんの長男家族. ようやく灌漑用の用水池が確保できたばかりだ(1995年11月).

調査のたびに自宅に泊めてくれた長老の一人ペンナーさんは七年前に他界。一気に「改革派」が主導権を握り、保守派は米国との国境に近い砂漠地帯に逃れ、新たな集住地「エル・サビナル」を建設した。「ラ・オンダ」からさらに一〇〇〇キロ近いドライブの末、ペンナーさんの長男家族と感動の再会を果たした。

チャムーラの村も激変の最中のはずだ。早く行かねば！

しかし、骨髄バンクのボランティア活動で心を紛らわすこと、さらに四年。村通いの再開は、一九九九年のことだった。

4　激変の村

七年ぶりの村

一九九九年、ようやくチャムーラの村通いを再開した。七年ぶりの村人との再会に心ははずむ。しかし村に着いて目を疑った。村長経験者は長老として村人から尊敬されているはずだ。なのにロレンソは独り黙々と、二メートル以上もあるシュロの葉を束ねた箒《ほうき》で、教会前の広場を掃いている。元村長のなんとも哀れな姿。再会の挨拶もそこそこに、箒を取り上げ、残りの作業は僕が引き受けた。

村は予想どおり激動の渦中にあった。九四年には、チャムーラを含む複数のマヤ系先住民集団サパティスタが蜂起《ほうき》し、植民地時代に成立した白人系の人々による支配の構造に、揺らぎが見え始める。

伝統の象徴と思われた村の秩序も、急激に変化する。二家族の村ボスを中心とする「伝統」派の圧力を逃れた村人のインディオで、隣接するサン・クリストバルの町はあふれかえる。村の内部でも村ボスに反発する新興勢力が急浮上し始めていた。

村ボスから村長に指名されたとき、ロレンソは「村もずいぶん変わった。ワシには無理だ」と泣いて訴えたという。でも多額の借金があり、命令に従う以外ない。しかも既にその頃、新興勢力は爆発寸前の状態にあった。

彼らは、任期途中のロレンソを引きずり降ろし、村から追放してしまう。村へ戻る条件として彼に課せられたのが、広場の清掃の仕事だったのである。しかもその間に、ロレンソは奥さんを病気で失ってしまう。

1992 年，村長に就任したロレンソ(中央)．

インディオの村といえば、伝統を守り続ける集団だとのイメージが強い。でも、チャムーラ村の激変を目の当たりにして、伝統とは？　伝統を守るとは？　と考えてしまう。

時代の変化を受けながらも、人々の心から心へと、たおやかに受け継がれてゆく伝統。それとは異なり、政治権力や利権にからんで主張される「伝統」。この二つを嗅《か》ぎ分ける必要がありそうだ。

新興勢力とはいえ、村の覇権を新たに握った彼らも、この「伝統」と決別したわけではない。チャムーラであることに誇りを感じつつも、教育を受けた若者世代は、「伝統」から逃れる道を模索し始める。

ファニートとの再会

「トオルー、僕だよー。今ニューヨークにいる。日本にいい仕事ないかな？」

二〇〇五年の暮れ、突然のファニートからの電話だった。やめた方がいいとあれほど言ったのに、やはり行ってしまったのか。

その年二月のカーニバル、彼はその祭りの仕切り役＝パシオンの家の前でつぶやいた。「僕もいつか必ず、この役職をやる。」

この役職につけば、途方もない出費がかさむ。でも村人は何年もかけて金をため、足りなければ借金もする。希望者は多く、今申し出ても就任できるのは一〇年以上先だ。

ファニートの村への思いは、伝統を信じる純朴な祖父ロレンソと同様、人一倍強い。しかし、政府筋の教育委員になったことに、「伝統」派の長老たちから、いわば仕打ちとして村の書記役を命じられた。長老たちの小間使いで、夜もゆっくり眠れない。しかも町の知人に騙されて、膨大な借金を背負うことになった。

砂漠越えに成功した義理の弟は、斡旋《あっせん》業者への前借りも返済し、留守家族には着実に送金が届く。無事に帰国し車を買った若者もいる。村人の間では、米国への越境はすでに当たり前のこと。カーニバルからわずか二カ月、ファニートは家族を残して、独り砂漠越えの旅に出てしまった。

ところがあの電話を最後に、フアニートとの連絡は途絶え、留守家族も心配をつのらせる。奥さんと三人の息子の悲痛な訴えに急き立てられ、僕は最後に連絡があったニューヨークのスタテン島へと向かった。

一一年一月、不法就労者の支援組織は、フアニートの顔写真を街のあちこちに貼ってくれた。わずか数日後、彼と連絡がついた。生きていてくれた！ 六年ぶりの再会だった。

「電話では喧嘩《けんか》したけど、愛してる。戻ってきて！」「パパ、僕寂しいよ。一緒に遊びたいよ！」。録音した家族の声に、フアニートは涙声でつぶやいた。「村も家族も忘れたことはない。大工の仕事も身についた。でも、この不景気では……。」

フアニートの留守家族(右から2人目が妻ブランカ).

ニューヨークのスタテン島のアパートで，録音された家族の声に涙するフアニート．

砂漠で消えた若者

村に帰りたくても帰れない。米国フロリダ半島タンパ市の郊外には、そうした人々が数千人規模の集住地リトル・チャムーラを形成している。でも、彼らはまだましな方だ。砂漠越えの途中で、息絶えるインディオも数えきれない。ロレンソの甥《おい》もその一人だ。

砂漠を越えたら電話する、と言っていた。でも一向に連絡がない。斡旋業者に問い合わせると、砂漠で行き倒れになったという。

遺体のない棺には、着古したＴシャツが一枚。その胸のあたりに、ロレンソがそっと、シュロで編んだ小さな十字架を供える。村の共同墓地で僕も墓掘りを手伝った。

村の教会の弔《とむら》いの鐘の音が、緩やかに波打つトウモロコシ畑の丘に、かすかに響きわたると、花嫁姿としか思えない若い女性が、耐えきれず、独りその場を去っていった。

越境を阻止する、米墨国境の壁づくりは、すでに一九九三年、テキサス州エル・パソに始まり、二〇〇六年には、国境の一部一一〇〇キロにわたる壁の建設計画が決定される。米国を目指すチャムーラの人々が急増する二〇〇五年には、越境が比較的可能なルートは、アリゾナ州ノガーレス近郊の砂漠地帯に限られていた。

なぜ危険を冒してもインディオは越境をくり返すのか。インディオだけではない。一昨年末には、中米ホンジュラスを中心に、一万人近くの人々が米墨国境に押し寄せ、トランプ政権を苛立たせ、今もその状況に変化はない。

　しかし、安価で切り捨てやすい不法移民の労働者は、米国社会にとってむしろ必要な存在で、越境者の支援組織や受け入れ組織は今も健在だ。一方越境者の側には、想像を絶する貧しさがある。しかもその原因は、米国による中米諸国の裏庭化、そして同じく米国主導で推進された新自由主義と無関係ではない。

　中米諸国の場合、一九三〇年代に活発化する米国の直接的な軍事介入と、親米軍事独裁政権の擁立によって、民主主義が育つ素地は奪われ、貧富の格差は固定化される。ホンジュラスはそうした裏庭化の典型的な例だ。大国が過去に犯した歴史の過ちには、それなりの代償が伴う。米国政府にとっての「不法」移民問題も、そのひとつだとは言えないか。

2010年，砂漠で亡くなったロレンソ氏の甥の埋葬．3時間ほどかけ，深さ1.5メートルの墓を掘る．

役人とインディオの狭間で

ここで、調査を支え続けてくれた、もう一人のインディオの友人に触れておこう。

チャムーラ村の隣、テネハーパ村の入口にあった粗末な民具博物館。トウモロコシの種を入れる、茶褐色の器が目に留まる。たまたま居合わせた白人系の若い女性に尋ねた。

「これ、ヒョウタン？　それとも……？」

「そうじゃないわ、××よ」。その単語を知らなかった僕に、彼女は牛の絵を描いて、下腹部の二つの膨らみを指差した。

「そうか、牝牛《めうし》のおっぱいか」という僕に、顔を赤らめ、「牡牛《おうし》のあれよ！」と彼女。

種まきは男性の仕事。臍《へそ》の下につり下げたその器から、男性は母なる大地に種を撒《ま》く。今では廃《すた》れた伝統の、象徴的な器だった。

その器が縁で知り合った彼女が、僕に紹介してくれたのが、後に彼女と結婚することとなるアンヘルだ。大学の法学部を出た後、州政府のインディオ局に職を得た彼は、僕が調査に出かけると、公文書のコピーの分厚い束を、毎回そっと手渡してくれる。

「僕は役人だから書くわけにはいかない。インディオ政策の裏の実態が分かるはずだ。トオル、是非書いて欲しい。」

父はオアハーカ州出身のサポテコ・インディオで、酒びたりの日々。アンヘルが六歳の時、両親は離婚。農園の賄《まかな》いの仕事で家族を支えた母は、ある日突然、「亡霊に襲われた」と言って、姿を消してしまう。妹と二人、引き取ってくれた日系人の農園で自活しはじめたのは一一歳、一九六六年のことだった。

「農園のそばを汽車が通るたび、お袋の姿を求めて、泣き叫んだもんだ」。長い付き合いのなかで、唯一彼が涙した瞬間だ。メキシコでも放映されたドラマ「おしん」は、彼のお好みだ。自分の少年時代と重なるという。

その後彼は、インディオ局の局長から、サン・クリストバルの警察署長に上り詰める。でもインディオである自分を忘れたことはないという。六〇歳を過ぎた今、彼は役人の世界を離れ、インディオの高等教育に熱を入れている。

今は幸せなアンヘル夫妻.

5　聞き取りと歴史叙述

時に危険を冒しても

これまでの僕の仕事を振り返れば、ほぼすべてが、伝統を素朴に信じるロレンソ一家の聞き取りが基礎だ。彼らの語りを、歴史叙述のなかでどう生かすか。もっと広い文脈のなかで、語りの位置を確認する必要があるが、そのためには、文字資料はもとより、対立する側の語りにも耳を傾けねばならない。

しかしそれには、かなりの緊張が伴うこともある。村通いを始めた頃にはすでに、プロテスタントへ改宗した村人は、くり返し村から暴力的に追放されていた。改宗者の家が包囲され、焼き討ちにあう。指導者の一人は、深夜呼び出され、そのまま殺されてしまう。

一九八五年、村を追われサン・クリストバルの町にスラムを形成していた人々は二万人を超え、信教の自由と、村に残した土地や帰村の権利を求めて集会をくり返していた。

その集会に誘われた同じ日、僕は夜から始まる村の祭りに招かれていた。プロテスタントと接触していることが村側に知られていたら、ただでは済まされない。

サン・クリストバルの町の山肌を埋め尽くす離村インディオのスラム．

ロレンソは、そんな僕の不安をよそに、いつもと変わらず、にこやかに出迎えてくれる。しかし深夜二時、祭りが終わると、今日は遅いから泊まっていけという。彼の家ではない。昼間は呪医の祈りと松脂香が漂うあの教会の土間に、戸板一枚あてがわれ、監視役と二人。暗闇に三九体の聖像の目が光る。このまま殺《や》られるのか……。一睡もできないまま、じりじりと空が白みかける時を待つ。殺られなかった！　助かった！　そそくさと教会を後にする。泊めてくれた彼らの好意に感謝するゆとりなどなかった。

あれから一六年、帰村運動の指導者だった知人のチャムーラと再会する。スラムの情報に彼以上に精通した人物はいないからだ。しかし既に彼は、麻薬や武器の密売の元締めに成りかわっていた。

黒革の上下に身を包み、深々とソファーに座る彼の両脇には、ピストルを構えた用心棒が控えている。三人の眼光が突き刺さる。

「で、聞きたいことは？」と彼。

無事に聞き取りを終えたが、三キロほどやせたかと思うほどの、緊張の二時間であった。

問いと語り

「呪医なんだが、話を聴きたくないかね。」

観光客じゃないと分かると、こんな「語りの売り込み」に出くわすこともある。謝礼目当ては明らかで、外来の研究者が彼らに植えつけた、生きる知恵かもしれない。

彼らの語りは論外だが、ロレンソも含め、他所者の僕に、何をどこまで語ってくれるか。当然自分に都合の悪いことはなかなか語らない。彼の奥さんのように、死ぬまで僕を避け続けた人もいる。

聞き取りには、何よりもまず、語り手との信頼関係が欠かせないが、問いのあり方も大きな問題だ。限られた時間で、これもあれも聞きたいと焦れば、警察の尋問に近いアクティヴな問いとなる。それでは語り手が身構えてしまう。すぐに質問されることに疲れて、答えの語りが次第に短くなってゆく。

僕の場合、これまでの録音を聞き直して気づくのは、質問の前にまずは僕が語っていることだ。子どもの教育やご近所づきあい、日本の宗教や祭り、引きこもり・不登校・ゲームオタクなどの社会問題等々。すると、彼が語り始める。「いや、ワシの家族は……、ワシの村では……。」

いつも録音できるとは限らない。そんな時は、村を出た直後に道端で書き留める。録音はその日の内に整理して、翌日「あの話だけど……」と切り出して確認する。しかし、昨日の話とずれたり、ことの前後が逆転することもある。ロレンソは一三人の子どもに恵まれたが、成長したのはわずか五人。幼くして亡くなった子どもの順番も、時によって入れ替わる。

　時系列で過去を整理することに慣れてしまっている僕たちは、そうした語りの「揺れ」を、信用できないものと決め付けてしまいかねない。しかし、「悲しいことが続いた昔」という、一つの時間枠で、記憶にとどめている可能性にも目を向ける必要がありそうだ。

　語りの「揺れ」から何を汲み取るべきか、問題は尽きない。さらに、語りの沈黙を、間《ま》を、どう理解し、歴史叙述にどう生かすか。それも、もう一つの大きな問題だ。

最初の頃の聞き取り．ロレンソ氏(右)宅で．

風景の中の語り

村人の聞き取りで、具体的な言葉よりも、間《ま》や沈黙が多くを語っている場合もある。神経を集中する瞬間のひとつだ。

それをどう活字化し読者に伝えるか。「客観性」を重視する歴史叙述では、それらは無視される場合が多い。しかしこちらの解釈で間や沈黙を解説してしまえば、それもまた問題だ。

語り手にも、語る場にも、さまざまな状況が取り巻いている。そばで孫がじっと聞いている。話題によっては、村の長老の姿が、語り手の頭をかすめる場合もあるだろう。

それだけではない。周辺には、トルティジャの匂いや松脂香の香りが漂い、羊の鳴き声や教会の鐘の音、トウモロコシ畑を渡る、かすかな風の音も聞こえてくる。実は、語りも、間も、沈黙も、こうした具体的な風景の中にある。この問題を僕は大切にしたい。

逆に、風景が僕に迫ってくる「声」も無視できない。これまでで最も衝撃的だったのは、インディオの村ではなく日本での体験だ。

東日本大震災の半年後と三年後の二回、被災地を訪れた。歴史学の意味を問い直すためだった。津波にのまれた宮城県石巻市立大川小学校の、崩れかけたプールの外壁。そこに描かれた卒業生の壁画には、宮沢賢治の詩の一部「ニモマケズ」のみが残っている。学校の位置を示す倒れたま

大川小学校のプールの外壁．2014 年 3 月 14 日，宮城県石巻市で．

まの石柱には「海抜一メートル十二センチ」の文字。

その時、聞こえてきたあの悲痛な叫び。今は穏やかな海からも、水平線の彼方にのみ込まれてゆくざわめきが。そして、自然の制圧に邁進《まいしん》してきた人間への、海そのものの叫びも聞こえてくる。しかし歴史として記録に残るのは、死者・行方不明者八四名という数字だけかも知れない。

過去を未来に伝えることが歴史家の使命なら、客観的とされる数字や「史実」だけでは不十分だ、とつくづく思う。風景にも目をむけ、聞こえてきた「声」も伝えたい。

「舞台が農村なら、その場に出かけ風景に浸《ひた》る。そうしてはじめて、生きた台詞が思い浮かぶのです。」

テレビドラマ「たけしくんハイ！」「熱中時代」など多くの脚本を遺し、二〇一八年他界された布《ふ》勢《せ》博一《ひろいち》さんが、僕に語ってくれた言葉だ。村通いに拘り続けてきた、僕の思いと共鳴する。

6　残された時間

心まで猫背

何年通っても、異文化社会の現地調査は、緊張の連続だ。病気に罹《かか》っても気づかないことがある。肺結核と肝炎。帰国後の健康診断で判明したが、すでに自然治癒していた。日本に戻れば資料整理と原稿の締切りが。これまたストレスの原因だ。メキシコ調査から半年後の二〇一五年秋、前触れもなく、突然の心筋梗塞の発作。幸いすぐそばにあった緊急医療センターに運ばれた。

しかし、あまりの苦しさに命の限界を悟る。

ワイフ、そして息子への遺言を医師に託した直後だ。一気にすべての苦しみから解放され、「雅」という字がぴったりの、品のよいベージュの世界に。そこに、これまた品のよい薄ピンクの霧氷がキラキラと舞う。霧の奥へと、白い石畳が続いていた。

この間約四分。高圧電流のショックで息を吹き返す。死の直前の世界のあの麗しさ。あれなら死も怖くないと思わせる、貴重な臨死体験だった。

それからほぼ丸一年。「幸運」にも、初期段階の肺がんが見つかった。「おーついに来たか！」の心境。でも進行の速い肺腺がんとあれば時間が勝負。告知されたその場で、迷わず手術の日程を決めてもらう。

二〇一七年三月、入院の朝。ワイフが運転する車が病院に着く直前だ。そこに流れたのはイル・ディーヴォが歌う曲「ソロ（アローン）」。

「僕は死にそう、僕は死にそう、たった独りでー」。よりにもよって、この詞がご丁寧に四回もくり返される。

「おまえぇ、わざとかけたなぁ、この曲！」「そ、そんなぁ……。」

実はこれ、情けない男の失恋の歌だが、二人してケラケラ笑いながらの手術入院となった。

術後に備え、手術日までの五日間、病室でスクワット一四〇回を欠かさなかった。

手術は無事成功したが、術後の胸の痛さは想像以上。でもある日ふと気がついた。痛みは消えている。なのに、胸をかばう猫背の癖はそのまんま。気分も猫背のままだ。これはまずい。

術後三週間で、趣味で続けてきたシャンソンの世界に思い切って復帰した。

快晴の北海道・富良野に突然の雪．今思えば臨死体験に似た風景．

残された時をいかに

大病の連続で、肝《きも》が据わったのか。今やれること、やりたいことを淡々と着実にこなせばそれでよい。でも、まずは心の健康を維持せねば。そのために、歌は最高の良薬だ。趣味の写真は、退職を機に、写真家の久米たかしさんの門をたたいたのがきっかけだが、文章を書く上で大いに役立っている。

1985年(遠景)と2010年のチャムーラ村.

村通いで撮った無数の写真。村の風景も村人の服装も、がらりと変化している。かつては閑散としていた広場の周辺には、今では三階建てのビルも。女性が靴を履いていればプロテスタントの証しだったのに、村の祭りにハイヒール姿で闊歩《かっぽ》する女性も現れた。時折、村の写真の整理をしながら、風景に浸る。あの瞬間が甦ってくる、文章が流れ始める。

若手四人との研究会も、今の僕を支えてくれている。発足直後「博士論文を書かせる会」と命名したら、すぐさま「清水にもう一冊単著を書かせる会」との返信が届く。みな僕より三〇歳以上若いが、対等に付き合ってくれる。肺がん手術から二カ月で執筆を再開したが、原稿がまとまるたびに、貴重な意見をもらった。『ラテンアメリカ五〇〇年』はその成果のひとつだ。

今、すでに下訳を終えた本が一冊ある。メキシコの文化人類学者ボンフィル・バタージャの『深きメキシコ』。五六歳の若さで一九九一年に「事故死」した現場は、過去に政府に批判的なジャーナリストや運動家が「事故死」したとされてきた同じ場所だ。彼は意志を貫いた数少ない知識人だ。征服を問題の起点として近現代史を捉え返す歴史観と、鋭い西欧文明批判は、ぜひ日本にも伝えたい。

それと並行して、そろそろ次の本の構想も固めねば。八八年の『エル・チチョンの怒り』と、二〇〇三年の論文「砂漠を越えたマヤの民」、その二つをつなぐ本が書ければ、『コーラを聖なる水に変えた人々』と合わせ、ロレンソ一家の四世代記、村から見た現代メキシコ一〇〇年史を残すことができそうだ。

がんの再発の危険はいつでもある。でもそうと分かった時に考えれば、それでよい。

「それまでどれぐらいハッピーでいられるか。」

亡くなる数カ月前の娘のあの言葉、常に僕の胸にある。

結びに――〈いのち〉からすべてを

この四〇年、日本という「芝生」と、極貧のインディオの村との往復をくり返してきた。その中で抱きつづけてきたのは、「豊かさ」に対する疑問だ。人の、自然の〈いのち〉を置き去りにした豊かさなど、あり得るのだろうかと。

インディオの貧しさは、病者や障碍者が好んでそうなったはずがないのと同様、彼らに責任はない。植民地時代以来今にいたる過程で、彼らの〈いのち〉はすり減らされ、貧しさは固定化され、ほんのひと握りの人々が「豊かさ」を独占する。これに似た構図は、実は「芝生」の内側にも見られることではないか。

「豊かさ」そのものにも問題がありそうだ。開発の名で、自然の〈いのち〉が破壊される。医学の発達で多くの命が救われても、同時に大量殺戮《さつりく》の技術開発が急展開。その先は、すべての人々の人生を狂わせる国家間の戦争だ。二〇世紀は自然破壊と戦争の時代、僕たちはその延長線上に生きている。

技術の高度化・専門化の進展とともに、専門家の視野はますます狭くなる。素人には理解できない数値を並べ、深刻な事態が生じても、自己の立場を正当化しようとする「科学者」や政治家も現れる。原発をめぐる議論はその典型ではないか。

近年のロレンソ氏．44 歳で出会った彼も，今は 80 歳を超えた．

でも僕たちは、そんな専門知識に怯える必要は何もない。〈いのち〉という誰にでもわかる言葉から判断すれば、ことの善し悪しは「科学」よりも明らかだからだ。

「そんなこと考えている暇なんかない」「明日どう生きるかで精いっぱい」という現実が日本にもある。でも、誰にも選択を迫られる瞬間はある。政治の先行きを選択する際にも、まずは〈いのち〉から判断したいと思う。

間もなく喜寿を迎える今、僕は、明らかに人生という道の下り坂を歩みつつある。でも、誰かが言っていた。下りに入れば上り坂では見えなかった風景がよく見える、と。ぼんやり見え隠れしていた〈いのち〉が、今その風景の中にははっきりと見えている。

最後までお付き合い下さった読者の皆様に心からの感謝の言葉を、そして、そろそろ、あのロレンソに、せめてひと言「ありがとう」と伝えに村に出かけねば。

《追記》二〇一九年年八月から一カ月、ついに四年ぶりに村への再訪が実現した。村はさらに激変し、四〇年来の友人のインディオの一人は、すでにこの世を去っていた。しかし、八二歳となったロレンソは健在。感動的な再会を果たすことができた。帰国後さっそく受けたがんの精密検査。がんは巣だけ残して、どこかへ飛び去っていったようだ。

清水 透

1943年生まれ．東京外国語大学大学院修士課程修了．メキシコ大学院大学エル・コレヒオ・デ・メヒコ歴史学博士課程修了．東京外国語大学，獨協大学，フェリス女学院大学を経て，慶應義塾大学名誉教授．

著書に，『エル・チチョンの怒り――メキシコにおける近代とアイデンティティ』(東京大学出版会)，『コーラを聖なる水に変えた人々――メキシコ・インディオの証言』(共著，現代企画室)，「砂漠を越えたマヤの民――揺らぐコロニアル・フロンティア」(『オルタナティヴの歴史学』共著，有志舎)，『ラテンアメリカ五〇〇年――歴史のトルソー』(岩波現代文庫)，「家族と記憶」(『家族へのまなざし』共著，弘文堂)などがある．

インディオの村通い40年
〈いのち〉みつめて

岩波ブックレット1019

2020年2月5日 第1刷発行

著 者 清《し》水《みず》 透《とおる》

発行者 岡本 厚

発行所 株式会社 岩波書店
〒101-8002 東京都千代田区一ツ橋2-5-5
電話案内 03-5210-4000 営業部 03-5210-4111
https://www.iwanami.co.jp/booklet/

印刷・製本 法令印刷　装丁 副田高行　表紙イラスト 藤原ヒロコ

ISBN 978-4-00-271019-8　Printed in Japan

読者の皆さまへ

岩波ブックレットは，タイトル文字や本の背の色で，ジャンルをわけています．

赤系＝子ども，教育など
青系＝医療，福祉，法律など
緑系＝戦争と平和，環境など
紫系＝生き方，エッセイなど
茶系＝政治，経済，歴史など

これからも岩波ブックレットは，時代のトピックを迅速に取り上げ，くわしく，わかりやすく，発信していきます．

◆岩波ブックレットのホームページ◆

岩波書店のホームページでは，岩波書店の在庫書目すべてが「書名」「著者名」などから検索できます．また，岩波ブックレットのホームページには，岩波ブックレットの既刊書目全点一覧のほか，編集部からの「お知らせ」や，旬の書目を紹介する「今の一冊」，「今月の新刊」「来月の新刊予定」など，盛りだくさんの情報を掲載しております．ぜひご覧ください．

▶岩波書店ホームページ　https://www.iwanami.co.jp/ ◀
▶岩波ブックレットホームページ　https://www.iwanami.co.jp/booklet ◀

◆岩波ブックレットのご注文について◆

岩波書店の刊行物は注文制です．お求めの岩波ブックレットが小売書店の店頭にない場合は，書店窓口にてご注文ください．なお岩波書店に直接ご注文くださる場合は，岩波書店ホームページの「オンラインショップ」(小売書店でのお受け取りとご自宅宛発送がお選びいただけます)，または岩波書店〈ブックオーダー係〉をご利用ください．「オンラインショップ」，〈ブックオーダー係〉のいずれも，弊社から発送する場合の送料は，1回のご注文につき一律650円をいただきます．さらに「代金引換」を希望される場合は，手数料200円が加わります．

▶岩波書店〈ブックオーダー〉　☎049(287)5721　FAX 049(287)5742 ◀